AF357733

POSITIONS
DE DROIT FRANÇOIS.

DES SUCCESSIONS.

I.

SUIVANT les principes du Droit coûtumier, *institution d'héritier n'a lieu: C. Paris, art. 299. Orleans, 287.* C'est la Loy feule qui régle notre Succeſſion, & la nomination d'héritier qui conſtituoit dans le Droit Romain l'eſſence du Teſtament, n'a parmi nous que force de Legs univerſel: (*Ord. 1735. art. 68.*) La Succeſſion doit donc être définie, la tranſmiſſion faite par la Loy, des Droits actifs & paſſifs d'un défunt, à ſes plus proches parens habiles.

I I.

QUoique cette tranſmiſſion ſe faſſe de plein droit à l'inſtant du décès d'une perſonne, ce n'eſt cependant que ſous cette con-

A

dition qu'elle fera acceptée par ceux aufquels la Loy la défere, car le Droit Coûtumier ne fait point d'héritiers néceffaires, *& n'eft héritier qui ne veut*; *C. Paris, art.* 316. *Orleans,* 335.

I I I.

TOute la matiére des Succeffions fe raporte à ces maximes fondamentales, mais pour en diftinguer avec ordre les confequences, on expliquera en premier lieu ce qui fait ouverture à une Succeffion, & quelles font les perfonnes aufquelles on fuccéde. En fecond lieu, qui font ceux qui fuccédent. En troifiéme lieu, comment les Succeffions fe déferent & fe partagent.

SECTION PREMIERE.

De l'ouverture à la Succeffion, & des perfonnes aufquelles on fuccéde.

I.

LA Succeffion d'une perfonne eft ouverte par fa mort naturelle ou par fa mort civile; mais il faut diftinguer entre la mort civile qui eft encouruë par la profeffion Réligieufe, & celle qui eft l'effet d'une condamnation qui dégrade des droits de Citoyen, telle qu'eft la condamnation aux Galéres perpetuelles, ou au Banniffement à perpetuité hors du Royaume, ou même la condamnation à mort naturelle avant qu'elle foit exécutée: La profeffion Réligieufe fait toûjours ouverture à la Succeffion; mais la condamnation emporte dans la plûpart des Coûtumes la confifcation des biens du condamné.

I I.

SI la condamnation qui donne lieu à la mort civile, eft prononcée par coûtumace, le condamné peut en anéantir l'effet en fe repréfentant dans les cinq ans que la Loy lui accorde, mais s'il laiffe écouler ce tems fans fe foumettre à la Loy, la mort civile eft encouruë du jour de la condamnation exécutée par éfigie: Au contraire s'il décéde dans les cinq ans, il eft cenfé n'avoir point perdu la vie civile. Il en eft de même du condamné qui interjette Apel de la Sentence de condamnation; s'il meurt pendant l'Apel, il meurt jouiffant des droits de Citoyen; s'il meurt après la confirmation de la condamnation, il eſt cenſé mort civilement du jour de la premiere Sentence qui l'a condamné.

I I I.

LE tems de la mort d'une perſonne peut être incertain, & rendre incertain le tems de l'ouverture de la Succeſſion : c'eſt ce qui arrive, premiérement dans le cas de la longue abſence d'un homme dont on ne recevroit point de nouvelles. Pluſieurs Coûtumes ont fixé un certain tems après lequel les héritiers préſomptifs peuvent demander l'enſaiſinement de ſes Biens, en donnant caution ; la Juriſprudence paroît avoir fixé ce terme à dix années dans les Coûtumes qui n'ont point de diſpoſition à ce ſujet, telle qu'eſt la nôtre ; & la Succeſſion étant reputée ouverte du jour que l'abſent a diſparu, ou qu'on a ceſſé d'en avoir des nouvelles ; les parens qui ſe ſont trouvés alors habiles à ſucceder, doivent être mis en poſſeſſion des biens, à moins qu'on ne reçoive d'autres nouvelles de l'abſent qui faſſent préſumer qu'il a ſurvecu, & changent le tems de l'ouverture de la Succeſſion.

I V.

LE ſecond cas, eſt celui où deux perſonnes héritieres l'une de l'autre périſſent dans le même combat, dans le même naufrage, ou dans le même incendie. Si les circonſtances de l'accident ne procurent aucun éclairciſſement ſur le prédécés de l'une ou l'autre perſonne, on ſe détermine par les conſiderations que la nature rend les plus vraiſemblables, l'homme eſt cenſé ſurvivre à la femme, le Pere à ſon Fils impubere, le Fils pubere à ſon Pere, & en général le plus jeune au plus âgé. *L. L.* 22. *& 23. ff. de reb. dubiis.*

V.

LA Loy ne défere aux parens que la Succeſſion de ceux qui joüiſſent des droits de Citoyen lors de leurs décès. Les biens des Etrangers qui décédent en France ſans être naturaliſez, ſont déferés au Roy par Droit d'Aubaine. Il faut néanmoins excepter. 1º. Les Etrangers auſquels on a accordé le droit de Cité par quelques Traités. 2º. Les Ambaſſadeurs ou Miniſtres des Princes Etrangers, les Suiſſes qui ſont au ſervice du Roy, les Ecoliers Etudians dans une Univerſité fameuſe, les Marchands Forains ; mais cette exception n'a lieu que pour les effets mobiliers qui ſe trouvent leur apartenir dans le Royaume.

A ij

V I.

LEs Biens acquis par ceux dont la mort civile a précedé la mort naturelle, ne peuvent pareillement être tranfmis à des héritiers légitimes. Cependant un Réligieux élevé à la dignité Epifcopale, eft reftitué à la vie civile, à l'effet de tranfmettre à fes parens les effets qui lui apartiennent lors de fon décès. A l'égard des Chanoines Réguliers, ou autres Réligieux qui obtiennent des Bénéfices-Cures, ils acquérent feulement la capacité de contracter pendant leur vie pour raifon de leurs Bénéfices; lepécule qu'ils laiffent à leur d écès apartient au Monaftére, fuivant la Jurifprudence du Grand Confeil, ou bien à la Fabrique de leur Paroiffe, fuivant la Jurifprudence du Parlement; *Arrêt du 4. Février* 1710.

SECTION SECONDE.

Des Perfonnes qui peuvent fuccéder.

I.

LE mort *faifit le vif fon plus prochain héritier habile à lui fuccéder. C. Orleans.* 301.) Par conféquent pour être admis à une Succeffion, il faut, 1°. être vivant lors de l'ouverture, 2°. être habile, 3°. être parent, & réguliérement être le plus prochain.

I I.

QUoiqu'il foit néceffaire d'être vivant lors de l'ouverture d'une Succeffion afin de la recueillir; cependant les pofthumes étant reputés nez toutes les fois qu il eft de leur interêt de le feindre. *L. 7. ff. de Statu Homin.* Il fuffit qu'un Enfant foit conçu au tems du décès pour l'admettre à fuccéder, pourvû qu'il vienne enfuite au monde à terme, & vivant.

I I I.

DE même que la longue abfence empêche de connoître le tems de l'ouverture de la Succeffion de l'abfent, elle donne lieu d'ignorer s'il a fuccédé à fes parens décedez depuis fon abfence. Dans cette incertitude, on ne peut admettre fes héritiers, & tous autres qui veulent exercer fes droits, à fe mettre en poffeffion de la Succeffion qu'ils prétendent lui être échûë, qu'en juftifiant qu'il étoit vivant lors du décès de fon parent, puifqu'il eft régulier que chacun prouve le fait fur lequel il fonde fa prétention.

I V.

POur être habile à recueillir la Succeſſion d'un parent, il faut joüir de la vie civile. Ceux qui l'ont perduë par la Profeſſion Religieuſe, ou par la condamnation, & ceux qui ne l'ont jamais euë, tels que ſont les étrangers non naturaliſez ſont incapables de ſucceder. Le François qui s'établit en pays étranger, & qui s'y fait naturaliſer, devient étranger, & incapable de ſucceder à ſes parens, par raport à leurs biens ſituez en France.

V.

LA parenté néceſſaire pour être admis à une Succeſſion, eſt celle qui eſt reconnuë par la Loy Civile, & par conſequent fondée ſur un mariage légitime, c'eſt pourquoi *enfans Bâtards ne ſuccédent C. Orleans art.* 310. la légitimation par mariage ſubſéquent les place au rang des enfans légitimés, mais la légitimation par Lettres du Prince, ne leur pourroit donner la capacité de ſucceder, qu'autant qu'elle ſeroit exprimée dans les Lettres, & conſentie par les parens intéreſſez.

V I.

L'Ordre des Succeſſions établi par la Loy, eſt conforme au vœu de la nature, & à l'intention préſumée de celui dont les biens ſont à partager, qui eſt cenſé préferer ceux qui lui ſont plus proches, & par conſéquent plus chers. *Ita ut Succeſſio iis deferatur quos defunctus magis amaſſe cenſetur Heineccius. Elem. Jur.* C'eſt ainſi que le Droit commun du Royaume ſuivant la diſpoſition de la Novelle 118. défére d'abord la ſucceſſion à la ligne directe deſcendante, à ſon défaut à la ligne directe aſcendante, & enſuite aux collateraux en obſervant dans ces differentes lignes la proximité de degré. Si ces deux lignes manquent, la Juriſprudence des Arrêts admet le Mari & la Femme à ſe ſuccéder ſuivant le Titre *unde vir & uxor*; & enfin hors ce dernier cas, la ſucceſſion de ceux qui meurent ſans héritiers eſt déférée aux Seigneurs Hauts Juſticiers.

V I I.

CEtte regle ſi ſimple ſur l'ordre des Succeſſions ſouffre pluſieurs exceptions importantes. La prémiére nait du droit de repréſentation. La ſeconde, du privilége du double lien. La troiſiéme, du privilége des mâles par raport aux biens féodaux. La quatriéme a lieu dans la fucceffion des propres : enfin nous obferverons quelques diftinctions qui doivent être faites par raport aux afcendans & aux collatéraux.

§. PREMIER.

Du droit de Repréfentation.

VIII.

LE droit de Repréfentation eft une fiction par laquelle les enfans d'un pere ou d'une mere qui auroient pû fuccéder, s'ils n'euffent été morts naturellement, ou civilement lors de l'ouverture de la fucceffion, font placez au rang de leur pere ou mere pour concourir avec les parens plus proches, & prendre dans cette fucceffion la même part que leur pere ou mere y auroient prife.

IX.

LEs Coûtumes ont beaucoup varié fur le droit de Repréfentation : quelques-unes l'ont admife en ligne directe feulement, & l'ont rejettée en ligne collaterale : d'autres l'ont admife à l'infini en l'une & l'autre ligne, d'autres l'ont abfolument rejettée, & plufieurs fe font conformés à la Novelle de Juftinien, en l'admettant en ligne directe à l'infini, & en ligne collaterale jufqu'aux enfans des freres. Telles font entr'autres les Coûtumes de Paris & d'Orleans. *Paris art.* 3.19. *&c. Orleans* 304. 318. *&c.*

X.

ON peut obferver trois regles touchant le droit de Repréfentation qui fuivent naturellement de la définition cy-deffus.

La premiere, que la Repréfentation fe fait dans le cas d'un afcendant qui eût été habile à fuccéder au défunt, s'il l'eût furvécu.

La feconde, que la Repréfentation n'eft donnée ordinairement que pour concourir, & non pour exclure.

La troifiéme, que la Loy donne ordinairement aux repréfentans tous les droits de la perfonne repréfentée.

XI.

DE la premiere de ces regles on doit conclure, 1°. qu'il n'y a point lieu à la repréfentation, pendant que l'afcendant eft vivant, quoiqu'il ait renoncé à la fucceffion, ou qu'il foit exhérédé;

2°. Qu'on ne peut fucceder par repréfentation de fon pere aubain ou bâtard. 3°. Que les afcendans ne repréfentent point leurs defcendans, de même que ceux-cy les repréfentent.

X I I.

PAr la feconde regle on décide que lorfqu'il fe trouve des Fiefs dans une fucceffion collaterale, les enfans des freres n'excluent point leurs Tantes, Sœurs du défunt, mais ils y fuccédent tous également. *Paris* 323. *Orleans* 322.

X I I I.

IL faut inferer de la troifiéme Régle. 1°. Que celui qui repréfente recevant ce Droit du Bénéfice de la Loy, & non de la perfonne repréfentée, n'eft pas obligé de fe porter héritier de cette perfonne, ni tenu de fes faits, ou dettes; 2°. Que la Fille qui exerce les droits de fon Pere par le moyen de la repréfentation concourt dans le partage des Biens féodaux, aufquels elle ne pouvoit fucceder par elle-même, & prend même le preciput qui auroit apartenu à fon Pere, s'il étoit l'aîné. (*Orleans.* 321.), 3°. Qu'en ligne collaterale, les mâles qui font iffus d'une fille ne prennent rien dans les Fiefs, ainfi que leur Mere n'y auroit rien pris. (*Orleans* 320.) 4°. Que le repréfentant n'ayant pas plus de droit que la perfonne repréfentée, doit raporter à la Succeffion toutes les fommes que la perfonne repréfentée auroit été tenuë d'y raporter. *Paris* 308. *Orl.* 307.

§. S E C O N D.

Du Privilége du double lien.

X I V.

LE privilége du double lien eft fondé fur la liaifon plus étroite qui fe rencontre entre les parens que deux fouches communes uniffent enfemble, & qui fait préfumer qu'ils font plus chers au défunt *cy-deffus* §. VI. Ce privilége a été introduit par l'Empereur Juftinien *Novel.* 87. & il a été admis par nôtre Coûtume, pour avoir lieu dans les meubles & acquets feulement jufqu'au degré des Oncles & Tantes, Neveux & Nieces inclufivement.

X V.

LA Sœur du double lien doit être suivant cette exception preferée au frere du simple lien dans les biens féodaux, puisqu'elle est dans le cas d'une parenté plus étroite, & que le privilége de la masculinité dans les biens féodaux, n'a lieu que lorsque la proximité est égale.

X V I.

AU surplus cette liaison n'est plus étroite qu'en parité de degré, & par conséquent l'Oncle du double lien doit être exclus par le frere du simple lien. On devroit dire aussi que les Neveux du double lien ne pourroient pas exclure les freres du simple lien, la repréfentation n'étant pas donnée pour exclure. Cependant la Jurisprudence paroît plus favorable aux Neveux du double lien, qu'aux freres du simple lien.

§. TROISIEME.

De la Succession des Fiefs.

X V I I.

LEs héritages féodaux font ceux qui font tenus à la charge de la Foy & Hommage envers un Seigneur; les héritages roturiers font ceux qu'on possede à la charge d'un Cens, ou autre redevance Seigneuriale. Il y a des héritages qui ne doivent ni l'une ni l'autre de ces preftations; & ce font ceux que l'on dit être en francaleu: S'il y a Juftice, Fief, ou Cenfive joints à ces héritages, ils fe partagent comme Fiefs; finon ils fuivent la condition des héritages cenfuels ou roturiers. *Orleans, art.* 255.

X V I I I.

CElui qui donne un héritage féodal à Cens, ne peut fe deffaifir de la foy, puifqu'il implique contradiction que l'héritage dont il difpofe, foit en même tems féodal & cenfuel: d'où il fuit que la foy eft toûjours reputée être par devers le bailleur; & que l'héritage fe doit partager comme cenfuel, en la Succeffion du preneur. (*art.* 345.) mais fi l'héritage eft donné à titre de Rente, le bailleur peut fe deffaifir de la foy, ou la retenir comme bon lui femble, & fuivant cette convention, l'héritage eft féodal ou cenfuel entre les mains du preneur. *art.* 346.

X I X.

X I X.

LEs Rentes conſtituées ſur les Biens féodaux, ſe partagent comme cenſuelles en la Succeſſion de celui auquel elles apartiennent, quand même elles ſeroient conſtituées par aſſignat ſpécial. *art.*
348. à moins que le Seigneur de Fief ne les ait inféodées ſuivant
les articles 5. *&* 6.

X X.

LEs Biens féodaux ſe partagent differemment en ligne directe,
& en ligne collaterale. En ligne directe le Fils aîné a un preciput
qui conſiſte ſuivant notre Coûtume, & celle de Paris., en un manoir,
en un arpent de terres féodales joignant, & la moitié du ſurplus des
héritages tenus en Fief, s'il y a plus de deux Enfans, ou les deux
tiers s'ils ne ſont que deux. Le ſurplus des héritages féodaux ſe
partage également entre les autres enfans mâles & femelles.

X X I.

IL ne peut y avoir qu'un droit d'aineſſe dans une même Succeſſion. Cependant lorſque le partage de la Succeſſion a été fait, &
que le preciput a été délivré aux enfans du fils aîné qui le repréſentent, notre Coûtume décide, art. 305. que dans la ſubdiviſion,
l'aîné d'entr'eux recevra la prérogative, d'où on peut inferer que
généralement le droit d'aineſſe peut être pris dans les ſubdiviſons,
de même que dans les premiéres diviſions, n'y ayant pas plus de
raiſon de l'accorder à la branche aînée qu'aux autres.

X X I I.

LOrſqu'un enfant eſt légitimé par Mariage ſubſequent, il acquiert
le droit d'aineſſe préferablement aux autres enfans nez du même Mariage ; mais il ne peut l'avoir préferablement à ceux qui ſont
nez d'un Mariage intermediaire qui avoient un droit acquis avant
que la légitimation en donnât aucun au Bâtard.

X X I I I.

EN ligne collaterale, le privilége concerne tous les mâles ſans
aucune diſtinction entr'eux : Ils excluent tous enſemble les filles
qui ſont au même degré qu'eux. *Paris, art.* 25. *Orleans* 98. Mais
il faut pour cela qu'ils ſoient au même degré, ſans le ſecours de la
repréſentation : On a vû cy-deſſus *N.* XII. que la repréſentation ne
donnoit pas aux Neveux le droit d'exclure leurs Tantes. Cependant
dans le cas, où la Succeſſion ſeroit déferée à un frere, à une ſœur,

B.

& aux enfans d'un autre frere, si le frere vient à renoncer, la Succession féodale apartient en entier par droit d'accroissement aux Neveux préferablement à leurs Tantes.

§. QUATRIEME.

De la Succession des propres.

XXIV.

LA Loy a voulu conserver dans les Familles les héritages qui nous font transmis par succession, avec plus de précaution que ceux que nous acquérons par notre industrie. Elle nous a laissé par raport à ces derniers, une liberté entiere d'en disposer ; elle n'en dispose elle-même qu'au défaut d'aucune disposition testamentaire : mais à l'égard de ceux qu'elle nous a elle-même transmis, elle semble s'être reservée en nous les donnant le pouvoir d'en disposer à notre mort, nonobstant toute disposition contraire : Ces biens font ceux qu'on apelle propres de succession.

XXV.

LEs propres font, ou naissans, ou avitins. Les propres naissans font ceux qui n'ont souché qu'une fois, c'est-à-dire qui n'ont été transmis qu'une fois par succession : Les propres avitins font ceux qui ont souché plusieurs fois ; les uns, & les autres font ou réels ou fictifs.

Des propres réels.

XXVI.

LEs propres réels font donc les héritages qui nous font acquis par succession, foit en ligne directe, foit en ligne collaterale. Les meubles ne font point par eux-même susceptibles de cette qualité, & par conféquent, il est nécessaire de distinguer ici les meubles, des immeubles.

XXVII.

UNe chose meuble, est celle qui se peut transporter d'un endroit à l'autre, comme l'Argent comptant, les Livres, les Marchandises, les meubles exploitans, les bestiaux, &c.

Une chofe immeuble, eft celle qui a une fituation fixe, & ne peut fe tranfporter ; telles font les Maifons, les Héritages, les Etangs, &c.

XXVIII.

CE qui fait partie d'un immeuble en fuit la nature : C'eft par cette régle qu'on decide. 1°. Que les Uftenciles d'hôtel font reputez immeubles, s'ils paroiffent mis pour perpetuelle demeure *ad integrandam domum.* 2°. Que les Fruits pendans par les racines ont la condition d'immeubles. *art.* 354. 3°. Que le poiffon étant en étangs eft immeuble. *art.* 355. & il en eft de même des Lapins étant en garenne, ou des Pigeons en Coulombier.

XXIX.

LA diftinction de meubles, & immeubles s'aplique aux chofes incorporelles. Les chofes incorporelles font celles qui ne confiftent qu'en un droit; la régle generale eft que fi elles font attachées à un fonds, où fi elles ont pour objet un fonds, elles ont la qualité d'immeubles; fi elles ont pour objet un meuble, elles ont la qualité de meuble: Ainfi les fervitudes, les actions qu'on a pour raifon de la propriété des héritages font immeubles, au contraire, les actions qui tendent à la condamnation d'une fomme mobiliaire font meubles.

XXX.

LEs Rentes font confiderées comme immeubles, à caufe du revenu fucceffif, & perpetuel qu'elles produifent, quand même elles ne feroient conftituées que par billet fous feing privé; elles confervent cette qualité jufqu'au rachât qui en eft fait aux perfonnes majeures, mais à l'égard des Mineurs dont les biens ne peuvent changer de nature, les deniers provenans du rachât, font reputés immeubles à l'effet d'y faire fucceder les mêmes perfonnes qui auroient fuccedé à la Rente. *art.* 351.

XXXI.

LEs Offices venaux font des droits incorporels qui font auffi confiderés comme immeubles dans les Succeffions. Quoiqu'ils foient ainfi que tous les droits incorporels attachés en un fens à la perfonne de celui auquel ils apartiennent, cependant comme ils font cenfés avoir leur affiete dans le lieu, où s'exercent les fonctions de l'Office; ils fe partagent dans les Succeffions fuivant la Coûtume de ce lieu, lorfque l'Officier a un autre domicile. Tous ces droits incorporels que nous avons mis au rang des immeubles, font auſſi conſiderés comme propres quand ils échéent par Succeſſion.

XXXII.

LA Succeſſion d'un héritage en ligne directe aſcendante, ne doit pas moins faire des propres, que la Succeſſion en ligne directe deſcendante. Mais la Donation en ligne directe deſcendante, fait ſeule des propres en la perſonne du Donataire qui renonce, parce qu'elle eſt toûjours reputée être en avancement de ſucceſſion : Les autres Donations ne font point de propres de ſucceſſion, quand même elles ſeroient faites *ſucceſſuro*, & la ſtipulation de propres qui y ſeroit ajoûtée, ne feroit que des propres de Communauté, n'étant pas au pouvoir des particuliers d'intervertir l'ordre des Succeſſions.

XXXIII.

LEs biens confiſquez que le Roy rend aux héritiers préſomptifs du condamné leur font propres, de même que ſi la Succeſſion leur avoit d'abord été déferée, car la confiſcation n'ayant aucun effet, c'eſt comme s'ils n'avoient point été confiſquez ; il eſt inutile de diſtinguer ſi c'eſt en ligne directe ou collaterale, la même raiſon a lieu dans l'un & l'autre cas.

XXXIV.

CE qui eſt uni par acceſſion à l'héritage qui m'étoit propre, me devient propre d'acceſſion. Ainſi le Bâtiment que j'ai élevé ſur l'héritage qui m'étoit propre, ſuit la nature du ſol ſur lequel il a été bâti, ſans que mon héritier aux propres ſoit tenu de rendre les deniers de l'augmentation à mon héritier au mobilier.

XXXV.

L'Heritage que j'acquiers immediatement en vertu d'un Droit qui m'eſt échû par ſucceſſion, me devient pareillement propre de ſucceſſion : C'eſt par cette régle qu'on decide, que ſi le défunt avoit vendu un héritage avec faculté de remeré, ou s'il avoit fait un Bail à longues années de cet héritage, & que l'héritier rentre dans cet héritage en vertu de l'action que le défunt lui a laiſſée dans ſa Succeſſion, l'héritage lui eſt propre ; il en faut dire de même d'un héritage acquis par une preſcription commencée par le défunt.

XXXVI

SI le droit que le défunt a laissé dans la Succession, n'étoit pas un droit immediat sur un héritage, mais seulement le droit d'être preferé à un autre dans l'acquisition d'un héritage, tel qu'est le droit de refus ou de retrait féodal; alors l'héritage est acquêt à l'héritier qui l'exerce, à moins que l'occasion d'exercer le droit de refus, ou le retrait ne fut née du tems du défunt, parce que dans ce cas l'héritier auroit succedé à l'action que le défunt avoit pour retirer l'héritage.

XXXVII.

LE partage n'est point attributif, mais seulement déclaratif de propriété, d'où il suit que ce qui nous échet par partage, est censé nous être échû par Succession : Par conséquent quoiqu'un héritage me soit échû par partage à la charge d'une soulte envers un cohéritier, il m'est propre pour le tout; il en est de même de l'héritage que j'acquiers par licitation faite avec mes cohéritiers, parce que la licitation tient lieu de partage, *Orleans. art.* 16.

Des propres fictifs.

XXXVIII.

LEs propres fictifs, sont ceux ausquels la Loy ou la convention des parties donne cette qualité. Les propres fictifs légaux sont ceux que la Loy admet dans certains cas par subrogation ou représentation de l'immeuble qui étoit propre réel. Tel est l'héritage donné en échange d'un propre; lorsque l'échange est fait sans tournes : s'il y a tournes, il est acquêt jusqu'à concurrence. *Orleans. art.* 385.

XXXIX.

TEls sont aussi les deniers provenans des Rentes remboursés aux Mineurs, & en général les deniers qui sont le prix d'un bien propre du Mineur, ou qui ont servi à éteindre un droit, ou une action qui lui étoit propre. C'est pourquoi la confusion qui équipole à la solution, ne peut avoir lieu en la personne d'un Mineur. Ainsi dans le cas où un Mineur a succedé à ses Pere & Mere dont l'un est créancier de l'autre; s'il vient à déceder ensuite en minorité, on diſtinguera entre ſes héritiers l'action à laquelle il avoit ſuccedé, pour l'exercer contre les héritiers du côté de celui qui en étoit débiteur.

X L.

LEs propres conventionnels ſont ceux qui ſont rendus tels par la ſtipulation des parties ; quoiqu'il ne doive pas dépendre des particuliers d'intervertir l'ordre des Succeſſions, *cy-d. N.* XIII. Ces ſortes de conventions ont été permiſes dans les Contrats de Mariage, ſoit qu'elles ſoient faites par les Conjoints qui ſe dotent eux-mêmes, ſoit qu'elles le ſoient par des aſcendans donateurs, ſoit par des Etrangers donateurs.

X L I.

SI la ſtipulation de propres eſt faite ſeulement en ces termes, *pour lui demeurer propre*, l'effet eſt ſeulement d'exclure de la Communauté les choſes ſtipulées propres. Si l'on ajoûte ces mots, *& aux Siens*, les deniers ſont encore affectés aux enfans, à l'effet d'exclure leur Pere de la Succeſſion des uns aux autres. Si on ajoûte ceux cy *de ſon côté, & ligne*, la fiction eſt étenduë juſqu'aux collateraux. Dans tous ces cas la fiction ne peut être étenduë d'un cas à l'autre ; & par conſéquent ce qui fait un propre de ſucceſſion, ne fait pas pour cela un propre de diſpoſition : la fiction ceſſe ſi tôt qu'elle a eû une fois ſon effet.

X L I I.

LA proximité de conſanguinité ne ſuffit pas pour ſucceder aux biens propres. La Loy les défere aux plus proches parens du côté & ligne dont les héritages ſont provenus, retournant les héritages paternels aux parens du côté paternel ; & les héritages maternels aux parens du côté maternel. *Paris* 326. *Orleans.* 324. Entre les parens qui ſont du côté, & ligne d'où procéde l'héritage, on prefere ceux qui ſont deſcendus de l'acquéreur, comme étant ceux que l'acquéreur a enviſagés dans ſon acquiſition, & s'il ne ſe trouve point de parens de la ligne, les plus prochains ſelon l'ordre naturel ſont preferés.

X L I I I.

LEs aſcendans qui ne ſont pas de la ligne d'où procéde l'héritage, n'y doivent pas ſucceder ; & tel eſt le ſens de l'Art. 314. de notre Coûtume, *propre ne remonte en ligne directe, &c.* Mais ſi les aſcen-

dans font eux-mêmes les plus prochains de la ligne, ils doivent fucceder aux propres, ainfi que les autres parens y fuccederoient. C'eft
par cette raifon que la Coûtume les admet à l'exclufion de tous autres à fucceder aux chofes par eux données à leurs enfans qui déce-
dent fans enfans. Art. 315. Ce cas même eft le plus favorable, & le
plus naturel de la Succeffion des propres: car fi l'ordre de cette efpéce de fucceffion demande qu'on prefere entre plufieurs parens,
celui qui eft defcendu de l'acquéreur, à plus forte raifon doit-on
preferer celui même qui a donné l'héritage.

X L I V.

LA Coûtume admet auffi les Pere & Mere à joüir par ufufruit
des biens delaiffés par leurs enfans qui avoient été acquis par
lefdits Pere & Mere, & tranfmis par l'un d'eux à leurfdits enfans.
art. 316. Cet Article ne peut avoir lieu qu'autant qu'il y a eu Communauté entre les conjoints lors de l'acquifition de l'héritage; mais
quoique la Femme eût ftipulé une certaine fomme pour fon droit de
Communauté, elle n'eft pas moins apellée à la Succeffion de cet
ufufruit; on peut dire même que fa renonciation à la Communauté
ne l'en priveroit pas, puifqu'il feroit toûjours vrai de dire que l'héritage auroit été acquis *ex communi collaboratione.* Dans ce cas c'eft
une vraye Succeffion deferée aux afcendans, qui les oblige aux
dettes de la Succeffion.

X L V.

NOus obferverons encore ici que, quoique la ligne directe af-
cendante foit apellée par le droit commun du Royaume à la
Succeffion des meubles & acquêts, preferablement à la ligne collaterale; cependant lorfqu'il y a des freres du défunt, notre Coûtume
ne donne la proprieté des acquêts qu'aux Pere & Mere, & à l'égard
de l'ayeul & ayeule, elle ne leur en donne que l'ufufruit & referve
la proprieté aux freres. *art.* 313.

S E C T I O N   T R O I S I E M E.

Comment les Succeffions fe déferent & fe partagent.

§ 1er. *De l'acceptation ou renonciation.*

I.

LA Loy faifit dés l'inftant du décès le plus proche parent habile
qui ne renonce pas, *cy-deffus.* Sec. 2. N. 1. d'où il fuit. 1°. Que

juſqu'à ce que l'héritier préſomptif renonce, il eſt cenſé ſaiſi des biens, du défunt. 2°. Qu'il peut toûjours renoncer à la Succeſſion qui lui eſt déferée, tant qu'il n'a point fait acte d'héritier. 3°. Que s'il renonce il eſt cenſé n'avoir point été ſaiſi, & le plus prochain parent, qui le ſuit en degré, eſt cenſé ſaiſi dés l'inſtant du décès.

I I.

L'Héritier préſomptif acquiert donc la poſſeſſion des biens dépendans de la Succeſſion, auſſi-tôt le décès ſans aucune aprehenſion, réelle, & il eſt dés lors en état d'accomplir la preſcription commencée par le défunt ; s'il décéde ſans s'être expliqué ſur l'acceptation ou renonciation, il tranſmet à ſes héritiers le droit de le faire.

I I I.

L'Héritier préſomptif a trois mois ſelon l'Ordonnance pour faire, inventaire, & quarante jours enſuite pour deliberer ; après ces, délais expirés, s'il eſt pourſuivi comme héritier, il doit déclarer, auſſi-tôt ſa qualité, faute de quoi il eſt condamné comme héritier, ou du moins il eſt condamné aux dépens juſqu'au jour qu'il raporte ſa renonciation ; s'il n'eſt point pourſuivi pour déclarer ſa qualité, la liberté du choix lui reſte, pourvû qu'il ne faſſe point acte, d'héritier.

I. V.

COmme il n'y a d'héritier que ceux qui veulent l'être, la Succeſſion s'accepte ou par une déclaration expreſſe de la volonté, ou par des faits qui témoignent le deſſein qu'on a d'être héritier : c'eſt-à-dire en faiſant ce qu'on ne feroit point, ſi on ne vouloit être héritier. Ainſi l'héritier préſomptif qui ſe met en poſſeſſion des biens, ou qui acquite des dettes ſans avoir d'autre qualité pour le faire que, celle d'héritier, eſt preſumé accepter la Succeſſion : *Paris* 3 17. *Orleans* 3 36. Mais ſi c'eſt pour faire des reparations urgentes, pour vendre des effets periſſables, pour préparer les obſeques du défunt, il ne fait point acte d'héritier. *L. 20. §. 1. & 2. ff. de acquir. vel amitt. Hered.*

V.

CEtte acceptation de la Succeſſion d'un défunt, en tranſmet tous, les droits paſſifs auſſi bien qu'actifs, & les confondant en la perſonne de l'héritier, l'oblige indéfiniment au payement des dettes, à moins qu'il ne ſe ſerve du bénéfice d'Inventaire, qui eſt un droit

que

que le Roy accorde par Lettres de Chancellerie, de se porter héritier d'un défunt sans être tenu des dettes au-delà de la valeur des biens, à la charge de faire Inventaire.

V I.

L'Héritier bénéficiaire est exclus en ligne collaterale par celui qui se porte héritier pur & simple, quoiqu'il soit parent plus éloigné du défunt; mais comme le seul avantage des Creanciers a fait admettre cette exclusion, il faut que celui qui se présente pour accepter purement & simplement soit majeur, ou qu'il donne caution de ne se point faire restituer s'il est Mineur. Au surplus l'héritier bénéficiaire peut se porter héritier pur & simple dans les quarante jours après qu'un autre parent s'est présenté, alors son degré lui est gardé. *Orleans* 338. *& suiv.*

§ 2ⁿᵈ. *Du partage, & des Raports.*

V I I.

LA Succession d'un défunt se divise d'abord, eu égard à la differente nature des biens qui la composent. Il y a des héritiers aux meubles & acquêts, d'autres aux propres paternels, d'autres aux propres maternels; lorsqu'il y a plusieurs personnes apellées à la Succession des mêmes biens, chacune d'elles est saisie d'une portion virile dans lesdits biens, c'est-à-dire, d'une portion égale entr'elles, à moins qu'il ne s'agisse de personnes qui viennent par représentation; auquel cas les représentans n'ont tous ensemble que la portion qui auroit apartenuë à la personne repres(entée, ce qui produit le partage par souches.

V I I I.

L'Egalité ne peut regner entre personnes apellées à une même Succession, à moins qu'elle ne soit observée dans le partage de l'actif & du passif de la Succession: C'est à ce principe qu'il faut raporter la contribution aux dettes prescrites par la Coûtume à l'égard de tous les héritiers, la garantie de partage, & les raports dans les cas où ils ont lieu.

C

I X.

SI les dettes dont la Succeſſion peut être tenuë procedent d'un engagement perſonnel au défunt, elles doivent être acquittées par tous les héritiers, également à proportion de ce qu'ils amandent. *art.* 360. Ainſi tous les héritiers ſont tenus également au prorata d'une Rente conſtituée par le défunt, quoiqu'il y eut aſſignat ſpé-cial ſur un héritage échû à une ſeule eſpéce d'héritiers; par la même raiſon, les héritiers aux propres ſont tenus de contribuer au payement d'un acquêt dont le prix étoit dû par le défunt, quoiqu'ils n'y ſucce-dent pas, les héritiers au mobilier contribuent au doüaire prefix, &c.

X.

AU contraire, les dettes qui ſont attachées, ou à un certain he-ritage, ou à une certaine eſpéce de patrimoine, ne ſont duës que par celui qui poſſedera cet héritage, ou qui ſuccedera à cette eſpéce de biens. Il en faut conclure que les Rentes foncieres ſont duës par celui qui ſuccede à l'héritage qui en eſt chargé. On doit dire auſſi que ſi le défunt a fait des legs *certa ſpeciei*, comme d'une tapiſſerie, d'un cheval; ce legs n'eſt dû que par l'héritier au mobilier qui ſuccede à l'eſpéce des biens dont ce legs eſt une délibation.

X I.

LA Coûtume oblige à cette contribution non ſeulement les héri-tiers, mais auſſi ceux qui ont les biens à titre univerſel, tels que ſont les donataires ou légataires univerſels; mais ceux-cy ne ſont pas tenus, *ultra vires*, parce qu'ils ne ſuccedent point *in perſonam*, le fils aîné ne contribuë point aux dettes pour raiſon de ſon pré-ciput, parce que c'eſt un prélegs que la Loy lui fait, qu'il ne dé-pend point des Peres & Meres de charger de dettes.

X I I.

POur aſſurer l'égalité entre pluſieurs cohéritiers d'une même eſpéce de biens qui ſont obligez de les partager; il a été intro-duit que les lots des copartageans ſeroient reciproquement garans les uns envers les autres. Cette garantie conſiſte par raport aux meu-bles, à aſſurer qu'ils apartenoient au défunt, & à indemniſer celui auquel ils ſont échûs, au cas qu'ils ſoient évincés; par raport aux maiſons & héritages, d'aſſurer qu'ils apartenoient au défunt, & n'é-toient poient hypotequés; par raport aux Rentes, d'en aſſurer non ſeulement la proprieté, mais la ſolvabilité.

X I I I.

LE droit des enfans fur la Succeſſion de leurs Peres & Meres, étant bien plus fort que celui des collateraux fur la Succeſſion de leurs parens, l'égalité doit être plus exactement obfervée entr'eux : C'eſt pourquoi les enfans venans à fucceſſion font obligez de raporter à la maſſe tout ce qui leur a été donné directement, ou indirement par leurs Peres & Meres, foit que l'avantage leur ait été fait à eux-mêmes, foit qu'il ait été fait à leurs enfans, foit à ceux qu'ils repréſentent.

X I V.

L'Héritier bénéficiaire n'eſt pas moins obligé que les autres au raport des chofes qui lui ont été données envers les cohéritiers, & il ne peut s'en difpenfer en renonçant, parce qu'il ne peut perdre à leur égard la qualité d'héritier : Mais le raport n'ayant point été admis en faveur des creanciers, l'héritier bénéficiaire n'eſt tenu leur rendre compte que de ce qu'il reçoit réellement de la Succeſſion.

X V.

L'Enfant donataire doit raporter la chofe même qui lui a été donnée, s'il l'a en fa poſſeſſion; & s'il en a difpofé, il doit l'eſtimation eu égard au tems du partage; les meubles & les offices font exceptés de cette regle, le donataire doit tenir compte de l'eſtimation eu égard au temps de la donation.

X V I.

EN ligne collaterale, la Loy de légalité n'a pas tant d'étenduë : elle fe borne à rendre incompatible la qualité d'héritier avec celle de légataire. *Paris.* 300. Cependant fi l'on n'eſt héritier que d'une certaine efpéce de biens, des meubles par exemple, ou des acquêts; cela n'empêchera pas qu'on ne puiſſe encore être légataire du quint des propres, parce que ce font autant de patrimoines differens.

Me. SIMON PHILIPPE, Licencié de l'Univerſité d'Orleans, Subira l'examen public du Droit François, fur le Traité cy-deſſus, le Samedy dix-huit Décembre mil fept cens quarante-cinq, à une heure précife de relevée, dans la Salle de l'Univerſité d'Orleans.

De l'imprimerie de L. F. COURET DE VILLENEUVE, Imp. du Roy 1745.